바그다드 카페

시와문화 시집 055

바그다드 카페

김두례 시집

시와문화

■시인의 말

점점 어두워지는 아침
창가에 발이 묶이고
가슴이 두근거렸습니다

굵은 빗방울이 하나둘 창을 두들기다
소나기도 한바탕 쏟아졌습니다

하늘이 다시 맑아지고
시원해졌습니다

2021년 가을 김두례

|차 례|

2부 버닝

3부 나비의 독서법

4부 진주 귀걸이를 한 소녀

1부

아버지가 전해준 책

불씨

산속 깊이 파묻힌 불씨
남쪽에 퍼져있다가
불쑥 얼굴 내미네

동백나무 기지개 켤 때
해의 발을 만져보고
달의 귀엣말을 들어보고
얼음 도가니에 뜨거운 새싹을 준비하네

봄은 이때다 싶을 때
붉은 꽃을 준비하여
만지면 불이 붙을 듯 뜨겁네

좀처럼 떠나지 않는 기단의 전설
불씨가 바람에 날리네
흩어지는 화기, 심지를 올려
동백꽃들이 불씨를 퍼뜨리네
일어나라고

머뭇거리는

사람들 일어나라고
불씨를 퍼뜨리네
산등성이로 내 허리까지 번져오는 저 꽃불들

월장*

쪽달이 오른다
몸피의 흔적을 이끌고
어디로 가고 있다

누구도 소리 내
울 수 없는 어둠의 장례식
흐린 달빛이 눈물이다

멍석에 둘둘 말린 죽음
죽은 목숨, 산목숨이
한 그림자 되어 어둠으로 들어간다

바람의 장송곡이
산을 넘고
산은 숨을 죽인다

–월장일세
산 사람은 살려야 한다

세상을 바꾸려 했던 죽음은

어깨에 둘러 업힌 채
부싯돌에 피식 그인 성냥개비같이
저쪽으로 사라지고 있다

*6·25 때 잠시 일시적으로 어두운 밤에 시행했던 장례식

뿔의 방향

민달팽이 뿔을 옴쭉 몸 안으로
집어넣었다가
다시 세운다

내민 뿔이 풀잎에 닿는다
풀잎은 바람에 흔들리고
뿔은 한동안 소리에 머물고

고요를 재고 있는 걸까
눈길 머물 때
단단한 뿔을 세운다

뿔이 몸 안에 있을 때
바닥을 다지고 있는 걸까

그는 벽에 닿으면
하늘을 찌를 듯
뿔을 내밀어 세운다

하루에도 몇 번 멈추었다가

시작처럼 뿔을 세우는 안테나가 있다
다시 가야 할 방향을 찾았다는 듯

해창

“간내야, 너 말이다 해창 거기서 주워왔다이” 하는 할아버지 말씀 나는 돌멩이처럼 차고 다녔지, 주워왔다는, 그 말이 귀에 맴돌아, “아녀요, 아니랑께요” 나는 귀를 막고 다녔지만, 그런 것 같기도 하고, 아닌 것 같기도 하고, 긴 수염 할아버지는, 나의 반응을 즐기는 것 같기도 하고, 아닌 것 같기도 하고,

“거기가 어디다요, 할아버지, 저 좀 델다 줘봐요. 한 번 가보고 잡네요.” 그곳에 가면, 또 다른 내가 있을 것 같기도 하고, 아닌 것 같기도 하고, 할아버지, 그때 말씀하셨지, “시방은 아녀, 낭중에 가는 거시여”

집배원 아저씨 손 같은 아침이다
밤새 다녀간 할아버지 말씀 맺힌 이슬들
해창 말간 구슬이 또르르 창가에 구른다

아버지가 전해준 책

아버지가 책 두 권을 전해주고
그냥 대문을 나가신다
나는 뒤따라 나가서 인사를 하고 들어와
두꺼운 책을 펼쳐본다

어릴 때, 책 몇 권 손에 든 아버지는
동생에게만 책을 건네주었다
나는 왜 나에게 책을 주지 않느냐며
억지 부리면
아버지는 두 눈을 지그시 감고 한동안 앉아계셨다

물길 걸어 하늘길 날아 깨 팔러 가신 아버지는
나에게 주지 못한 책 때문에
다 팔지 못하고 계신 걸까
전해 받은 책
얼른 품에 안는다

오늘이 아버지 제삿날이다

보석

봄부터 눈에 띄던 상자
무엇이 들어 있는지 생각나지 않아
뚜껑을 열어본다

곧은 선이 있는 은행 세 알
희미하게 입을 다물고 있다

어두운 데 갇혀 있어서 답답했을까
모두 심호흡을 한다

금방이라도 병아리처럼 종종거리며
와락 안길 것 같다

'지니고 있으면 좋은 일이 생길 거야'
엄마가 건네준 그들
내가 기억해주자
반짝반짝 당당해진 모습이다

나는 그들을 상자 속에서 꺼낸다

귀가

팔을 펴서 손바닥으로
해와 서산의 간극을 잰다
한 뼘이 남아 있다

해와 서산 사이에서
하늘이 웃는다
해와 서산의 간극을 또 잰다
그 사이 반 뼘이 남아 있다

그래도 해와 서산의 사이
하늘이 웃는다
반의반 뼘이 줄었고
나는 그제야 손가락을 갖고 논다

해와 서산 사이의 해가
마침내 나의 손바닥으로 들어오자
나도 누군가의 손바닥으로
들어가기 시작한다

회복기

외길에 접어들었다
하얗게 눈을 뒤집어쓴 사람이 지나간다
그 옷자락을 보고 걷는다

지팡이를 짚고 성큼성큼 걷는 앞선 사람
흔들고 가는 눈꽃 사슴 발을 보고 걷는다
안개 기린 발을 보고 걷는다

구름은 수천, 수만 개 발을 갖고 지나간다
찬 기운에 쌓인 구름은 모여서 북쪽으로 간다
나는 그 걸음인데 빠른 걸음이다

안갯속 나는 동쪽을 바라보고 걷는데
모난 돌들이 길에서 모습을 드러낸다
미끄러질 때마다 막막하다

누가 나를 부른다
목소리가 뚜렷해진다
엄마 목소리다
나는 소리를 따르려 돌아본다

동쪽 산 건너에 구름이 모여 있다
공룡 같다 그들이 한꺼번에 몸을 움직인다
서서히 움직인다
한 줄기 파란 하늘의 등이 보일 듯하더니
구름에 갇혀 있던 해가 나온다

눈이 부시다
간호사가 기록부를 들고
이름을 부른다
희미하게 갓난아이 울음소리가 들린다

어떤 이장

추깃물 냄새가 차 안 가득하다

높은 봉분, 포크레인으로 헤집어
종이상자에 정리된 축축한 흔적 몇 점
땅을 바라보는 재빠른 눈치들로
고인의 길이
덜컹거린다

창문을 열어도 달라붙어
좀처럼 떨어질 줄 모른다

그가 떠난 뒤 아내는
시름시름 앓다가
그의 뒤를 따라갔다

지금은 연고 없는 공원 묘지에서
타향살이를 견디고 있다

고인의 땅이 점점 멀어져 간다
지켜보는 오동나무가 가볍게 목례를 한다

곧 싹이 자라고 꽃이 필 것이다
그를 떠나보낸 산밭도
곧 푸르러질 것이다

다시 못 올 농로를 지나는 고인이
하늘공원 묘지로 가고 있다

아귀가 복사되다

아귀가 담벼락에서 햇볕을 쬐고 있다
허기를 채우려는 듯 입을 벌리고 있다

어젯밤에도 그곳에 있었는지
일찍이 자리를 차지하고
몸을 부풀려 도둑가시처럼 붙어 있다

금방이라도 삼켜버릴 듯 날카로운 입
내가 움직이자
어젯밤의 잠을 데려간 아귀가 되어 줄줄이 따라온다

지느러미와 꼬리가 단단한 아귀의 숫자가 늘어난다

길을 막는 아귀 나를 앞서는 아귀
또 다른 아귀들은 다툼을 벌이는데
입을 커다랗게 벌리고 있어 여전히 무기이다

금파리 몇 마리 날아드는데
아귀에 붙어살려는 걸까

빨려 들어갈 것 같은 저 모습
색깔을 가늠할 수 없는 아귀들 감출 수가 없다
이미 내 것이 되어버린 것도 있다
아귀가 줄줄이 따라온다

한식

모처럼 아버지의 집 방문한다
문패는 비석에 새겨진 경주 김씨 수은공파 세장 영당 비

아버지는 우리 방문을 기다리며
집 근처에 선선한 바람 들여놓고
작은 야생화들을 키우시고 계신다

민들레며 엉겅퀴 둥굴레 잎들이 푸르다
합동제를 올리고
뜰을 도란도란 돌아보는 동안
간간이 구름 그늘이 만들어진다

농사일이 전부였던 아버지
저 세상에서도 농사일 버리지 못하는 걸까
큰아버지 작은 큰아버지 아버지 서열에 들어가
귀염받고는 계실까

온전한 한 채의 집을 짓고 계실 아버지
영당의 가장 막내둥이

귀먹은 형수한테, 씨앗 파종일 알려주느라
목청 높이고 있는지도

아버지 집 떠나오는데
잘 가라, 문패 앞에서 손 흔들고 계신다

그림자놀이

이파리 큰 오동나무가 있는 넓은 집을 향해
엄마는 아이들 손을 잡고 걷는다

장롱이 절반을 차지한 단칸 셋방에는
야근으로 지친 아빠가 백열등처럼 잠자고 있어
아이들과 그녀는 오리처럼 집을 빠져나온 것이다

구불텅한 골목길을 지나
그늘 넓은 정자나무 아래에서
땀을 닦으며 쉴 것이다

큰애는 엄마가 하얗게 닦아준 신발을 바라보고
씩씩하게 발소리를 맞춰본다
등에 업힌 작은 애 손에는 집에서 갖고 놀던
블록 조각을 놓치지 않으려는 듯 꼭 잡고 있다

돌멩이들에 치이며 걸어가는 길
신발에 먼지 바람이 부옇다

주인집 마당에서는 지붕이 몸을 눕힐 때까지

아이들은 햇볕에서
엄마가 가르쳐준 그림자놀이를 하며 지낼 것이다

무궁동

치통을 갉아대는 쇳소리는 항상 찢어진다
충치의 구멍은 보철이 자리할 곳에
크기와 색깔로 언제까지 칭얼댈는지

통증이 사라지기 전
날아와 쌓이는 청구서들 파란을 키운다

쫓아온 전철에서는 비집을 틈마저 힘이 든다
터널을 지나면 더 긴 터널로 이어지고

거미줄처럼 엉킨 전깃줄이 질주하는
저쪽 남동구 공단에서는
프러포즈, 벤츠, 다이너스, 리베라, 센트로 이름표들
쌓여 간다

종일 내렸던 장대비로 꼬리가 꼬리를 물고 늘어지는
녹슬어가는 부품도 맞는 부품도
빠져나오고자 발버둥을 치는

터널은 뫼비우스 띠다

철조망 빙빙 둘러 있는 빠져나갈 곳 없는
터널이다

묘비 속 소녀에게서 나를 보다

–5·18 국립묘지

묘지가 생기고 처음 와 보는 곳
불어오는 봄바람을 타고 더듬어본다

40년이 넘어가는 그 일이 있는 때
나는 마산 어느 여학교 기숙사에 있었고
매일 밤 10시가 되면 등화관제가 시작되었다

고향이 광주인 학생들은 가족과 연락을 하려
어린 새처럼 발을 동동거리며 광주행 차표를 구하러 다녔고
밤이면 복도 구석에 걸린 비상등 흐린 불빛 아래에서
광주의 소식을 들으려 라디오를 끼고 기다렸다
꼬리에 꼬리를 물었던 긴 의문부호
빈 신문의 공간을 이해 못했다

자정이 지나고 캄캄한 학교 운동장으로 탱크 불빛들이 길게 들어가면
가슴을 두근거리며 커튼을 들치고 지켜보았기에

광주가 폭도들의 천지가 되었다고
밑도 끝도 없이 믿던 사람들 생생하다

민주의 문 지나니 봉분들 나란하다
물놀이하던 어린아이, 퇴근길 이유 없이 추격받았던 회사원,
공부하다 머리 식히려고 나가 난사 당한 학생 … 헌혈하던 여학생
무구한 이팔청춘 내 또래 소녀의 묘비 앞에서
봄날을 잃어버린 나를 본다

5·18 민주 항쟁 한가운데 있는 그들에게 숙연해진다
아직 깨끗한 봄으로 가는 길
꽃샘추위에 막혀 있는 3월
작은 풀씨 하나 해토머리에 뿌린다

낯선 사람들

그날 서울에서 출발한 광주행 기차는
조개탄 냄새 풀풀 거리는 송정리역에서 멈췄고
캄캄한 밤 집으로 가는 길은 수렁에 갇혀 버렸다

놀란 사람들 차에서 내려
희미한 불빛 따라간 역 근처 민가
(지금은 찾고 있지만 어디에도 없을 그 집)
무조건 두드렸는데도 선뜻 문 열어주는 아주머니가
계셨지

목조건물 작은 집은 방이 두 개
주인 식구들 여섯 명이 한방 쓰고
생면부지 남녀 열 명에게 방 하나 내어주었지
누울 수도 앉아 있기도 비좁은 공간 나눠 쓰며
조금씩 피붙이처럼 가까워져 갔지

온종일 군용차들만 허락한 길에 나앉아
오늘은 집에 갈 수 있을까

물을 마시는 것도 사치였고

빵 하나 나눠 먹기도 목이 멨지
멀리서 총소리가 들려오는 밤이면
꿈에서도 가족들을 찾아 헤매다 낭떠러지에서 떨어졌지

한동안 가슴에 담아놓을 수밖에 없었던
강산이 네 번이나 변해도 막혀버린
그때 집으로 가는 길에 서면

너는 지금도 눈물을 훔치지
우린 너의 눈물을 닦아주기도 미안하구나

나무 비탈에 서다

간격을 두고 묵묵히 서 있는 나무
잠시 쉬어가는 새 날개를 접었다

나무는 가만히 노을에 머리를 적신다
활시위처럼 굽어지는데
나이테가 둥글게 새겨지는 소리가 들린다

자신의 출발점이며 도착점이 되는
자리는 가파른 비탈
오랜 시절부터 견디는 법을 터득했을 것이다
노을에 눈이 부시다

바람이 부는 날
머뭇거리는 먹구름이 기댄다
그리고 언제 그랬냐는 듯 다시 계절을 견딘다

2부

버닝

꼬부랑 꽃

혼자 있을 때가 많은 꼬부랑
텃밭에 새 아침의 햇빛을 앉히고
고추를 따고 개밥을 주고
마을 한 귀퉁이에 꼬부랑 가계를 가꾼다
–숨이 가빠서 일도 오래 못하겠다
그래 놓고 다시 사부작사부작 몸에 밴 꼬부랑
마당을 쓸고 닭 모이를 주고는
옆집 유모차가 오는지 대문 밖으로 고개 쭉 내밀고
우두커니 일기 걱정한다
도시에 사는 나는 꼬부랑 쉴 시간에
안부를 묻는다
자식들을 회화나무처럼 기다리는 꼬부랑
어제에 이어 다시
–난 괜찮다 곧 점심 먹을란다
꼬부랑은 꼬부랑말 다섯 번 되내어야 허리를 곧게 펼 수 있단다
동자꽃처럼 앉아 먼 하늘 보는 꼬부랑
–간밤에 깜시개가 강아지 흰둥이 검둥이 여섯마리를 낳았어야
소식을 알리느라 목소리가 조금 커진다

등 떠미는 손

아침 늦잠에 빠져 있는데
누군가 나의 등을 떠민다

새벽에 일어나 아침 챙겼는데
눈이 감기는데
바닥이 따스한데
그만 일어나라고 다시 등을 떠민다

누구일까
언제부터 내 게으름을 눈치챈 걸까
그 큰 손이 궁금하여
눈을 슬그머니 떠보는데
숨바꼭질하는 듯 아무도 없다

간밤 꿈에 산책하러 오시듯 나타나셨던
아버지일까
나란히 소풍을 즐기시던
엄마일까

나는 바닥에서 등을 뗀다

감기지 않는 눈

어두운 하늘은 전체가 동공이다
나를 친친 감아온다
누구인 것 같기도 하다가 아무도 아닌 것 같은

담벼락에 붙어 한쪽 길을 더듬는다
어둠 속에서 환하게 웃는 민들레
꽃잎 시나브로 뚜렷해진다

저만치 보이는 집 조금씩 가까워지고
보름달에 가려졌던 별들
눈을 감고 있는 그믐달 뒤편에서 반짝인다

절 마당 석등이 비추는 아랫마을 길은
어둠이 내리고서야 흔들리지 않았다
깊은 밤 북쪽 오리온자리를 만날 때
차가운 바람의 결을 잊었다

왜 앞만 보고 왔던 걸까
등을 구부려 지팡이로 점자 블록을 두들기며
나아가는 시각장애인을 본 적 있다

오늘 내 안에 숨은 하늘을 찾고 있다
뒤통수의 눈으로 풍선처럼 부풀어
푸른 하늘로 날아올라 볼까
멀어도 곡선을 그릴 수 있는
나는 지금 어둠을 궁리 중이다

달의 궁전

오르기만 해도 숨찬 언덕
가까이에 있나 했더니
내려다보는 언덕 위 사람들은
상자를 겹쳐 쌓아
단숨에 하늘에 닿는 타워팰리스를 올린다

나도 그 높이를 따라잡느라
밤을 뒤적이며
보이지 않는 궁전을 위해 탑을 쌓고
햇살을 모아 기둥을 세우고
천정을 높여 별을 따 담는다

그 작은 탑을 지키느라 주위를 맴돌고
상자 속에 더 작은 상자를 채우느라
더 작은 상자들을 쌓는다

어깨를 딛고 올라가느라
하늘로 하늘로 뻗는 상자들
텅 빈 위태로운 속
누구도 헤아리지 않는다

단단한 테두리가 되어줄 것 같은
겹겹이 푸른 벽 부풀어 갇혀버린 날
탑이 무너지는 줄도 모르는
달의 궁전을 보며

보금자리를 바꾸는 새들은 무엇을 생각할까
제 깃털을 뽑아 지은 지상의 방 한 칸
봄이 오자마자
다시 낯선 방 찾아 떠나는

하늘까지 쌓아 올린 바벨탑
누가 손가락 하나 건드리지 않아도
제 무게에 눌려 와르르 무너지는 걸 보며…

소래 가는 길

사거리를 지나고
교차로를 몇 번 지나도 보이지 않았다
정지 신호를 받았을 때
트럭 운전사에게 물었다
직진하라고 말했다
나는 다시 앞을 향해 달렸다

정지 신호가 풀리고 교차로를 지날 때마다
아지랑이 같은 현기증이 밀려왔다
얼마쯤 가서 아주머니에게 물었다
"소래가 어디예요?"
그녀도 계속 직진하라고 했다
나는 또다시 달려갔다

붉은 신호등에 멈추고
지팡이를 짚고 횡단보도를 건너는
할머니에게도 물었다
같은 대답이다
나는 달릴 수밖에 없었다

직진만 남은 길

방향을 바꿀 수도 없는, 소래 가는 길

바그다드 카페

얼마나 더 가면 바다가 보일까
발소리 소란한 생선 비린내 진동하는 시장에도
바다는 보이지 않는다
새들의 날개가 젖지 않는 골목을 벗어나
얼음이 녹고 있는 눈길을 지난다
눈보라는 바람의 언어를 타전하고
목소리는 담길 듯 담기지 않는다
서쪽으로 향한 문은 열려 있고
바다로 가는 길이 절벽에 걸쳐 있어
노을은 찾아오는 길을 잊었다
나뭇잎들도 바닥으로 다 떨어져 있어
산으로 오르는 길도 막혀 있다
백화점 쇼윈도가 벽으로 느껴질 때
처마를 맞댄 집마다 켜진 등이 따뜻해 보이듯
이야기를 풀어놓을 바그다드 카페로 가는 길
어제의 내가 따라붙는다
발자국이 보이지 않는 바다는 노을의 길목에 있을까
흩날린 함박눈은 길 위에 길이 되고
리듬을 타는

버스는 시간처럼 사라진다
나를 스쳐 지나가는 찬바람
어둠이 얼어붙는 겨울
내 안으로 깊이 들어가는 길
하나둘 불빛이 켜지는데
새가 앉을 나무가 보이지 않는다

오월 이맘때쯤

해마다 그날이 오면 뒷산에 아카시아 꽃 피고 구슬픈 새 울음 들리고
이기자 마크를 단 군인이
신문사 휴게실에서 보초를 선다

해마다 그날이 오면 어린 학생이 좁은 길에 멈춰 있고
대인시장 허름한 옷가게 아주머니가 치맛자락으로 눈물을 찍어낸다

아카시아꽃 향기 흩날리는 해마다 그날이 오면
길가 초록빛 이파리도 빈혈을 앓고 높은 하늘이 어지럽다

해마다 그날이 오면 별이 지는 소리 들리고
살아 있는 목숨이 대견스럽다

해마다 그날이 오면 우산동 그 집의 옥상에서 듣던 뉴스가 짧고
좁은 골목의 어둠을 움츠리고 걸었던 그 발이 무겁다

해마다 그날이 오면 주인집 버스 여차장의 톤 높은 목소리가 들리고
양복점 삼촌의 터미널 야간 세차 아르바이트 시간을 계산한다

해마다 이맘때쯤 먼저 간 사람들을 위해 나무에 조등이 매달린다
뒷산에 때죽나무꽃이 하얗게 핀다

오늘의 기도

아침에 눈 뜨면 기도하네
아침 기운이 사라지기 전에
알약을 삼킨 뒤 물은 충분히 마셔야 하지
꼭 동그랗지만은 않은 알약
목 넘김이 도톰하여 걸리거나
재채기를 일으킬 때도 있지
알약이 묻은 기도를 모시는 난
이미 알약의 조종을 받는 중이야
에스디올 하프정, 노바스크정, 포사맥스정
알약을 불신하고 싶고
삼키기 싫어 복약을 중단했던 지난여름
몸의 수치는 오르락내리락
내가 알약을 무시한 거라 여겼는데
알약이 나를 포기했다는 거
다시 의사의 약 처방을 받아야 하네
이제는 막다른 계절
기도에 매달려야 할 때
알약 병들을 잘 보이는 곳으로 옮기고
집을 나갈 때도 알약을 챙겨야 하지
오늘 아침밥을 먹은 뒤 알약 한 움큼을 꺼내

하루치의 유효 기간의 걱정을 덜고 싶어
이 아침 기도가 묻은 알약을 삼키네

오리 날다

집오리를 여러 마리 바깥세상으로 날려 보냈다고
당신이 눈빛을 반짝였지

날리고 날렸더니
날개가 자란 어떤 오리들
멀리 날아가 돌아오지 않는다고

그 말을 쉽게 믿었고
나의 오리들을 야생으로 길들이고 싶어졌지
어떻게 하면 오리를 멀리 보낼 수 있을까

옥상에 올라가 날리면 될까
오리의 몸을 들어 올리고 또 올리면
바닥에도 떨어지겠지

다리가 부러지면 어떻게 하지
날개가 자라느라 어깻죽지가 가렵기도 하겠지
마침내는 바닥을 차고 오를 거야 그럴 거야
한마당 가득 부푼 오리들

그때 당신이 말했지
모두 거짓말이야

나는 멈출 수 없었고
그날 캄캄한 밤에 나의 오리들을 날렸지
말린 날개를 달고 높이 높이 날아갔지

갈대

다시 일으켜 쉼표를 찍는다
별을 향한 부푼 갈꽃으로 피어날 것이다

새의 노래로 가까이 가본다
물살이 실어 나른 언어의 둥지

어둠을 견뎌 단단한 뿌리가 내려지기를 기대한다
바람의 세기와 방향을 익히고
지그시 눈을 감고 골몰 또 골몰

혀가 짧아 자주 흐트러진다
늘 기대에 못 미치는 언어들
손을 모으고 지난 시간을 떠올린다

강에게 보여줄 것이다
이번에는 빛을 감은 문장으로

흔들거리지만 오롯이 언어를 간직하는
서걱거리는 필체 앞에
갈대는 뒤척거린다

습지를 떠나지 못하는 설렘

문장은 폭설을 안고 바닥으로 내려앉는다
수없이 썼다 지우는
그도 바람 앞에 자주 휘청거린다

문장들

한낮 목청껏 우는 매미의 옆에 한 번도 울지 않는 암매미의 남아 있는 시간

느티나무 이파리 위에 내리쬐는 햇살의 묵언

잠시 해를 가리는 구름의 본능

벽돌 계단 모서리를 오르는 개미의 가파른 길

푹푹 찌는 날 잠시 다녀가는 바람의 흔적

모였다 흩어진 물고기 물속의 길

연꽃잎에 떨어지는 둥근 물방울의 중심

방충망에 붙어있는 모기의 가느다란 발

창문에 들이치는 빗방울의 방향

무거운 수레를 끌고 가는 택배 배달원의 고달픈 하루

빗방울에 젖어가는 능소화 낙화의 시간

폐지 뭉치 눈금이 가리키는 노인의 위태로운 하루

땡볕에서 길 잃은 지렁이의 얼마 남지 않은 꿈틀거리는 시간

연못에 비친 파란 하늘을 지나는 비행기의 젖지 않는 길

냇가에 우두커니 비 맞고 있는 두루미의 끼니

사람들이 주는 먹이를 앞다투며 먹는 잉어의 수염 나이

호수에 동그라미 그리는 조용한 빗방울의 반경

장맛비를 맞고 있는 가로수의 처량한 처지

비를 맞으며 재잘거리는 참새의 부리

여름이 여름을 건너가며 건네주는 가을의 끈

비상구를 찾습니다

1
비행기를 타면 내 머리는 서서히 울림통이 된다

2
내 몸은 예민하여 수많은 세포가 일어나고
가늠이 안 되는 소리를 낼 때
난 귀를 당겨 보고 머리를 감싸 보고
내 몸의 마이크를 켤 수 있는지 끌 수 있는지
소리를 자꾸만 내본다

창고에 나를 가둬버리는 그 무엇
소리를 내보지만
그 소리가 그 소리
들릴 듯 말 듯 작은 소리
나를 꽉 붙든다

조곤조곤 현악기를 켜듯 말하고 싶은데
나보다 더 큰
누군가가 내 안에서 풍선처럼 부푼다

3

비행기에서 내려도
한참을 마이크 실험 중이다

어머니의 귀

큰 귀를 부러워했다
이제는 까칠하고 축 처진, 귓불은 도톰한

팔십 노구를 힘겹게 끌고 가는 어머니
말은 조곤조곤 잘 들어주라 한다

애들에게 냄비 같은 소리로 종주먹을 대다가도
느긋해지려고 나오려는 말을 참는다

큰 귀를 만지작거렸을 때
부처 귀처럼 생긴 할머니 귀를 닮았단다

내 말을 잘 들어주는 그녀
가는귀먹은 성질 급한 이웃의 말은
가만가만 들으면 말이 절로 걸어온다고

새벽같이 물을 길으러 오는 뒷집에도
느긋하게 문을 열어주는
그녀의 방법은 귀를 열고 찬찬히 듣는 거란다

나는 큰 귀를 부러워하므로
느긋이 들어주는 귀를 가질 것이다

귓속에 말들이 가지런해진다

풀벌레 소리를 듣는 이유

느려졌다 빨라졌다 한다
매미 소리 여치 소리
어둠 속에서

허리를 앓는 어머니는 겨울나무처럼 앉아
밤을 보내는 날이 많다

앉아서도 잠을 자는 그녀
산밭에도 다녀오고 간척지 논에도 구름처럼
다녀오곤 한다

잠들지 못해 뒤척이는 밤
틈을 비집는 더위는 머리까지 덮친다

하늘은 보름달을 강물에 던져놓고
보름달은 풀벌레 소리처럼 굴러가는 밤

엄마는 귀뚜라미 울음소리가 들리고
지렁이의 울음소리가 들리면
무씨를 뿌리는 계절이라 한다

씨앗을 뿌리기 위해 엄마는 오래
울음소리를 들었던 것이다

버닝

무거운 담요로 덮어서 꺼도 불씨는 살아난다

가스레인지에 붙은 불이 싱크대를 태운다 불은 아버지가 앉았다 간 낡은 식탁을 태운다 할머니한테 물려받은 놋그릇을 태우고 아침마다 잠을 깨운 울지 않은 뻐꾸기시계를 태운다 낮달이 머무는 허브향 나는 거실의 화병을 태우고 이자가 불어난 가계부를 태운다 가족이 함께 그린 그림 같은 사진을 태운다 불은 타올라 축제 같은 전등도 태운다 건너편 집에서 보고 있는 어지러운 불은 할아버지의 오래된 수첩을 태운다 작은 방 낡은 서랍장을 태우고 불씨는 작은 빌라의 등기도 태운다 불은 탑처럼 쌓아놓은 책들을 태우고 사리 같은 재로 쌓인다 불은 한순간 집 밖으로 날아가 길 건너 양버즘나무에도 옮겨붙었다

난 소리치며 다급한 문장을 내뱉는다

자물쇠의 비밀

자물쇠에 녹이 슬어간다
비밀이 되어
앙다문 입, 붉은 녹이 번진다

그가 말을 못 하니 찾아오는 이 없다
은둔이 되어버린
대가는 혹독하다

그의 말을 들을 수 없어
진실은 바람이 되었다
이따금 번뜩이는 햇빛과 감싸는 안개
열쇠가 되지 못한다

안까지 녹물이 슬어야 그는
비밀을 털어놓을 수 있을까

언제부터인가 자신의 번호를 잊어버리고
그는 무덤이 되어간다

맨발의 목련

골목을 뛰어가는 목련
종아리 환하다
두꺼운 양말을 벗고 피는

꽃잎의 맨발이 눈부시다
그루터기를 걸었던

발목이 간지러워 뛰지 못해
손 내밀면
입김을 불어 넣는
창이 환하게 밝아진다

그의 몸살은 꽃샘추위다
제자리에서 깨금발을 해서 들여다본다

산동네에서도
맨발로 겨울 담을 뛰어다녔다는 것이다

3부

나비의 독서법

나비의 독서법

명자꽃에 앉으면 명자 향기가 되고
두엄에 앉으면 그림 꽃이 되고
절벽에 앉으면 절벽을 받쳐주는 나비
냉이 꽃잎 문장 읽고 금방 바래기 풀잎 책도
가벼이 넘겨 행간 쉼표까지 읽는다

괭이풀 바람에 서표를 꽂고
작은 꽃잔디를 속독으로 읽는다
금방 키 큰 은행나무 쪽에서
어지럽게 읽는 듯 그러나 차분한 나비
그가 날아다닌 자리 더듬으니
풀밭이 꾸물꾸물하다

어디선가 되돌아온 나비
노란 꽃다지에서 별을 찾느라
오래 머무르는 걸까
초여름의 풀밭 책을 마실 다니듯 읽는다
벚나무를 지나 애기똥풀 위에서
지금은 무얼 보고 있을까
나비는 하루에 몇십 리 거리의 책을 읽는 걸까

아득히 멀어졌다
나비가 읽어내는 문장들
풀밭 책 속의 푸른 세상이 너그럽다

뒤편

단추가 떨어져 나간 날
반짇고리를 뒤지다가 막다른 절벽 같은
셔츠 안에서 예비 단추를 찾았어요
뒤편에 덩그러니 붙어있는

예전에는 눈길 보내지 못한
어두운 골목
여태 밖으로 나와 본 적 없는 그늘

양복을 걸친 사람은 모르지요
배꼽이 드러나거나
옷섶이 터졌을 때야 드러나는

막막한 길

바닥을 생각하느라
앞을 바라보느라
밤을 지새우고
발걸음 못 떼 보았을

그늘에서 벗어나려 한 서툰 걸음
먼 곳까지 오래 바라보았을
빛 날 순간을 위해
뒤편 꼭 붙잡고 있을 그를 떠올려요

붕어빵의 시간

붕어빵이 구워지는 저녁
붕어 빵집 앞에 발이 붙는다
느린 손놀림으로 태어난 붕어빵이 헤엄을 친다
날렵한 꼬리를 흔들고 미끄러져 간다

붕어 빵집 앞 포장마차 어둠이 차오르는데도
붕어빵을 낚겠다고 차례를 기다린다

붕어빵이 먹고 싶은 일곱 살
시장에 따라가겠다 나섰을 때
애야 삼거리 붕어빵 아주머니 돌아가셨단다

갑자기 왜 그 아주머니 돌아가셨을까
통학버스비로 빵을 사 먹고 비 맞으며 걷던 흙길
왜 그때 붕어빵이 좋았을까

큰아이 가졌을 때 시장에 붕어빵 없다고
호떡 사 와 혼자 먹던 남편을 흘겨보았다
그때 놓친 붕어들이 시간을 헤엄치고 다닌다

그때 엄마는 시장 가기 바빴고
난 비를 원망했고 남편은 호떡 먹느라
나에게 눈 돌리지 못했을 때
붕어는 멀리멀리 빠져나갔다

헤엄치기를 멈춘 붕어
붕어빵을 낚아 바구니에 넣는다

발자국 꽃잎

떠나간다 벚나무 아래로
바람에 흩날려 언덕 아래로

푸른 잎처럼 피어 반짝이던 꽃잎은
제 그림자를 안고
한 가지에 오손도손
햇살이었고 바람이었고 비였던 꽃잎
허공에도 발자국 남겨놓는

사라질 줄 모르는 저 재잘거림
구름 안쪽에서도 명랑한
헛디딘 꽃잎들이
도랑으로 웅덩이로 강물 위로
길 위로 쓸쓸히 떠나간다

물 위에 떨어진 꽃잎
구름의 안쪽에서
가슴으로 꽃물 번져가는

이슬

아이는 전설이 흐르는 느티나무에 올라가
뉘엿뉘엿 넘어가는 해를 보았다

어둠은 모든 것을 삼키는 줄 알았으나
전설은 더 투명해졌다

아이는 새벽까지 잠을 못 이루었다
해가 떠오르는 시간이 되어
산등성이로 바다로 달렸다
거친 언덕, 덮치는 파도로 전설은
아이에게 오고 있었다

아이가 달리는 것은 달리고 싶어서가 아니다
넘어져 상흔을 남기고 싶어서도 아니다

누구에게나 오지만 누구에게도 오지 않는 해
아이는 동쪽으로 동쪽으로 향하다가
길 위에서 나동그라졌다

해를 품고 죽어갔다

염소는 힘이 세다

고삐에 매여 있던 염소
말뚝을 뽑아 끌고 돌아다녀요

앞서가는 염소
언뜻 봐서는 힘이 셀 것 같지 않아 등에 슬며시 올라타니
나를 떨어뜨리고 줄행랑을 치며 저만치 달아나요

난 고삐의 힘을 빌려
가만히 염소 뒤에 엉거주춤 따라붙어 보아요

건들거리는 작은 꼬리
희멀건 수염 몇 가닥
마구잡이로 풀을 뜯어 우물우물 먹어요

논둑 좁은 길을
나는 뒤뚱거리며 뒤따라가고
염소는 제 길인 양 도랑에 빠지지도 않고
의기양양 앞서 걸어가요

따라가다 보면
간간이 단단한 까만 똥을
일 없다는 듯 줄줄이 쏟아내어요

그 어린 염소
나보다 힘이 세다는 걸
염소를 따라다니며 알았어요

구름의 방문

유리창에 부딪히는 구름
어둠을 껴안고 깊은 밤을 끌고 다닌다

적막한 칡꽃 위를 걸어서 보라 꽃 피우고
개망초 하얀 작은 꽃 지날 때 가벼워진다
옥수수수염 흠뻑 적시고
깨꽃 위를 달큼하게 가볍게 걷는 동안
난 구름의 발을 붙잡으려 하고
구름은 발을 두고 다니고

개울가 키 큰 미루나무 지나오느라 다시 축축해지고
산허리에 걸린 가벼워진 발로
단단히 엎드린 언덕 바위에서는 구름 옷자락이 걸린다
찢어지고 다시 부풀어진다

난 그런 구름의 속삭임을 듣고
구름은 다시 텃밭 토마토의 붉은 표정을 읽고
뒤편 굳은살 박인 손 붙잡고
벌의 길을 만든 꽃 어루만진다

새벽 빗소리를 잡아먹는 매미 소리 데려와
내 생각을 어루만지는 구름
다시 저만치 바위산에 올라가 내려다본다

노을의 시간

가을 윤슬이 지나는 저수지에
물길만을 헤쳐온 잉어가 납작하게 누워
수초 위에서 출렁거린다

빠른 물살도 곧장 거슬러 오르고
먹잇감을 찾는데도 늘 앞장서던 밝은 눈
응시를 잃은 눈빛이 불안하다

빈호흡 그를 바라볼 때
아직 물결 푸른 수초는 힘 있고
저수지 붉은 물길이 저만치 이어진다

아직도 헤쳐갈 수 있을 것이라 믿는 것일까
지나온 속도를 생각하는 듯
지느러미 파닥거리는 시간이 길다
말을 건네면 달빛 아른거린다

물비늘 반짝일 때 눈빛도 몸짓도
이제는 수식어를 잃어버렸다

이 가을에 어디로 향하고 있을까
거친 숨결의 시간을 자주 맞이한다
안부를 묻듯 낙엽이 한두 잎 찾아든다

조기구이

영광 법성포 조기가 티브이 화면 속에서 구워진다
살을 발라 먹은 조기로 끓인 젓국지
진한 국물 우려 나온 화면에 내 수저가 간다

단박에 떠먹은 짭조름한 진한 국물
꿀꺽 넘기는 아버지 소리 착 감긴다

쇠죽 쑨 뒤 불 소리를 모으는
할아버지에게서 아버지에게로 전해 온 손끝
석쇠 위에 생선이 노릇노릇해지면
조기 한 마리 먹어봐라
얼얼한 추위가 가시는 아버지 따스한 목소리

기름 자르르 익은 통통해진 조기
한 마리 통째로 잡고 살부터 뜯어라
손에 들려주시고 먹는 법을 가르쳐 주셨다

다가오는 불길 앞에서
오일장 읍내에서 사 온 꾸덕꾸덕 말린 조기
좁은 산길로 푸르게 등짐 지고 온 장작에 구워주시면

난 혼자 맛있게 생선을 발라 먹었다

녹록지 못한 객지의 시간
티브이 화면 속 칠산 바다
그곳 아낙의 조기 요리로
아버지 말씀 지글지글 떠오른다 어제처럼

길의 전개

이정표가 많은 집 앞 사거리
길이 많아 말이 넘쳐난다

오른쪽 이정표는 가로수가 잘려 막혀 있고
미세먼지와 먹구름이 가득하지

숨 고르기 힘든 길에서
걸음을 멈추고 서성이면
들어오라는 간판이 많아도
입장료를 지불하지 못해 혼자 우두커니 서 있다

계단이 내려앉아 있는
김밥천국 집에 간신히 들어가면
먹구름이 풀려 숟가락을 뜨지 못한다

어제의 두꺼운 경전은 닳아서 희미해져 있어
한 장 한 장 넘겨도
글자 속으로 들어가 보이지 않는다

방금 산 오늘의 김밥

그 속을 들여다보고 있으면
당근 어묵 부추 계란 우엉
그들의 나란한 길
나는 잘근잘근 씹고 있지

미처 살피지 못한 길 많아
메리 포핀스 우산이라도 펴서 날아볼까
난 길 위에 길을 생각한다

사막의 말

말의 길은 험난하다
당기는 대로 가야 한다
허공에 해대는 발길질
맞바람에 감기는 앞을 헤아리지 못해도
이끄는 길로 가야 한다

고삐에 이끌리며 수레를 끄는 말
앞으로 달릴 때가 많다
눈썹에 달라붙는 먼지 눈물
발자국에 매인 몸
자신의 발소리는 저만치 앞선다

먼 국경을 건너 산맥을 달려온
태양의 열기도 말은 품어야 한다
다 왔다 싶으면 언제 그랬냐는 듯 저만치에서 아른거리는 사막
어제 왔던 길이 오늘의 길은 아닌 듯
다시 회오리바람 분다

등짐 진 말

편자에 부딪는 돌멩이들 차며 서 있을 때
왔던 길을 생각하고 앞을 보고 있으면
별은 저 멀리에서 차갑게 빛난다

누우 떼의 길

마라강을 건너야 하는 누우 떼는
어깨를 빌려줄 때 서로 떠밀려가지 않는다

우기의 강에 뛰어들 때
무리가 되지 못하면 되돌아가야 한다

늪으로 빨려 들어갈 때 누우는
강폭과 넓이를 가늠하느라
서로 다리가 되어주지만
늪의 바닥이 되어버린 누우를
젖은 눈으로 바라봐야만 하는 눈이 있다

강을 건너간 어미는 뒤따라오는 어린 누우가
악어에게 끌려가는 것을 지켜볼 뿐이다

느긋해지다가는 사자의 밥이 된다
얕은 데로만 이끌 수 없어
먼저 강을 건너가고 볼 일이다

새벽 신도림역 사람들은 누우 떼처럼 길을 낸다

저편에서 온 발소리 어둠 속으로 퍼진다
그 길에는
이른 집을 나오느라 습격받은 졸음도 있다
미세먼지를 이겨내며 막막한 제자리걸음

서로 새벽 어깨를 빌려주면
벽도 말랑말랑하게 된다
계단도 평지가 되는 지하 계단을 오르내리는 것은
저쪽 푸른 대지를 믿는 것이다

다시 문을 나설 때면
젖은 눈망울을 굴리는 어린 누우 떼를 생각한다

몇 번 비틀거렸지만 흔들릴 때뿐
그는 다시 집을 나서는 것이다

아버지의 도장

안양천 모래 바닥에
먹이를 찾아 종종거린 새 발자국
물길 앞에 멈추어 있다
마른풀 그늘 밑에 멈추어 있다

새벽을 열어 논물을 대고
밥 한술 뜨는 둥 마는 둥
어깨에 짊어질 흙 묻은 삽을 챙겨
다시 아침 논으로 향하는 검은 장화

그는 날기 위해 발자국을 냈다
어떤 발자국은 지워지고 어떤 발자국은
다시 길을 낸다
논으로 밭으로 향한 발자국
논에 밭에 새겨 놓았다

휘파람 소리가 먼저 들리기도 하고
달을 이고 오기도 한 그는
절뚝거리며 집을 나설 때도 있었다

도장 같은 저 발자국
강을 건너간 허공에도 찍혀 있다

귀를 단 나무

나무가 귀를 달았다
푸른 귀를 달았다
스치는 바람도 다 듣는다

자벌레가 가지에서 가지로 옮겨간다
다람쥐, 새들도 발소리를 내며
나무에서 나무로 옮겨 다닌다

나무를 찾은 짐승 같은 구름도
나무의 귓속을 드나든다

귓속 깊이 길이 있는 듯
매미들이 떼 지어 울고
한낮 딱따구리가 딱딱 길을 낸다

소리치지 않는 나무
귀를 닫을 수도 있을까
잔잔하게 흔들거린다

나무도 안으로 안으로 들어주다가

나무의 방법으로 일제히 깃발을 흔들 듯
푸른 귀를 달았을 것이다

나도 푸른 깃을 달고 싶어 숲속을 걷는다

국화의 말

곳곳에 피어 있는 꽃잎들
그녀가 끊임없이 내놓은 문장들
그녀는 심호흡을 조절하느라
쉬었다 피고 피었다 쉰다

그녀가 피운 말, 말, 말
날아다니는 벌을 부르고
바람을 붙잡고 햇볕의 깃을 앉혀
무지개를 달아준다

오므렸다 피는 저 꽃잎의 입술
중심을 잡아준다

그녀는 어떤 말을 할까
가까이 다가가 모으는 귀
꽃은 어두운 밤에도
탐스러운 말을 피우는 수화 통역사

그 말들이 익어 진한 향기가 난다
그녀는 단정한 노란 국화를 닮았다

4부

진주 귀걸이를 한 소녀

벚꽃 유세

거리에 벚꽃의 낯빛이 환해요
바람 앞에 집중하는 벚나무 꽃
봄 하늘 차지하지요

꽃의 생애를 줄이는
지나치는 발소리 있지만
자신의 안쪽까지 다 들춰지는 음표
바람에 흔들리는 것도 한 방법이지요

하늘빛 빨아들여 다같이 피우는
벚나무 숲 찾아온 손들은 꽃잎 바라기
새를 부르는 손짓에 환호를 보내지요

구름사다리 건너는 향기에
개나리도 길게 소리 내보는데
화르르 초록을 부르는 벚나무가 먼저예요
목련도 까치도 오늘은 벚나무 바라보아요

오늘 벚꽃의 환한 웃음
고요한 외침으로 맨발 같은 이정표 향해요

11월의 골목

붉은 벚나무 잎새 파닥거릴 때
하늘도 자리를 내준다
잎맥의 길은 핏줄처럼 드러나고
허공에 발자국을 찍는 몸짓
노을을 걸친 벚나무 골목이 아득하다

그물처럼 펼쳐진 붉은빛
그림자는 바닥에서 흔들리고
사람들은 그 빛으로 발자국을 낸다

끌고 가다 바닥으로 내려앉은 잎새
좁은 골목을 트며 다닌다

어깨를 걸고 있는 나무들 사이로 한 사내가 지나간다

허공을 날아오르던 직박구리
상처 난 발톱을 감추고 있다
눈을 감고 바람을 감으면 날 수 있을까

벚나무 골목에서 당신은 저녁을 데우며 가고 있다

진주 귀걸이를 한 소녀

눈빛이 어른거리는 소녀의 그림자는 흔들리지 않는다
색상의 힘에 이끌리어
무지갯빛 옷이 되고
회색 모자가 되고
잿빛 그림자가 되기도 하는

주인의 눈길을 견디며 이젤을 들여다보고
도구를 모아주고

뒤돌아서서 흘리는 어머니의 마르지 않는 눈물
아버지의 작은 목소리가 불면처럼 떠오른다

겨울 시장에서의 그녀
화장기도 없이 치장도 없이

누구는 하녀를 읽고 가고
누구는 잠자리 시중녀를 읽고 가고
누구는 최고 귀부인을 읽는다

그녀를 타락으로 이끌고 가는
도시의 향기
바람처럼 누빌 수 없다

화가에게 귀를 내밀어 젖은 눈을 지그시 감고
눈물을 달고 귀가 뚫리고 피를 흘리고

귀를 내밀어 젖은 눈을 감고
눈물을 닦고
귀가 뚫리고
피를 흘리고

장신구를 버리고 상처로 뭉친
한쪽으로 향하는 손
견디고 견디어 피어나는 이름

너는 나의 진주
나는 너의 눈빛
그녀 빛나는 맑은 꽃 진주 귀걸이를 달았다

그녀의 바다

가방 속에서 흘러나온 전화 소리
파도를 일으킨다

한참 동안 섬을 돌아오기도 하고
모래 위에 하얀 거품을 퐁퐁 풀어놓기도 한다

시원한 바람이 불고
갈매기들이 노래를 부른다

솜털 구름이
땅따먹기 놀이처럼 넓어졌다 좁아졌다 하고
동글동글 음표를 달며
토끼들이 뛰어다니며 놀기도 한다

물고기도 곡선으로 파도를 만들고
꼬리에 꼬리를 물고
그 위를 날아다니는 새들

하늘에 날개를 걸어두고 먹이를 찾는 눈이 빛난다
둥근 섬 빨간 등대가 반짝인다

노를 젓는다
바다를 건너갈 수 있을 것 같다

전화를 받는다

하늘의 새

비 오는 날
솟대의 새는 젖은 하늘을 읽고 있다

바닥으로 내려오면 솟대에 깃들 수 없으므로
온몸이 젖으면서도
풀어지는 구름 경계를 읽는다

어둠 속에서 헤매던 날
여우 소리에 가슴 졸이며 맞이한 아침
비둘기 배고픈 울음이 새겨져 있다

비를 피하는 것은 방법이 아니다
바람을 품고 비행하는 매처럼
구름을 품는 것이다

빨리 사라져 가는 것들은
속독으로 읽어야 한다
익숙하여 묵독하지만
큰바람이 불 때는 읽고 있던 하늘을 놓친다

출렁거리고 흔들릴 때
새는 날아가는 착각에 빠진 적도 있다
하늘을 읽어야만 살 수 있는 나무 새
못다 읽은 풍경을 읽느라
오늘도 솟대 위에 있다

삼립빵

육교 밑 모퉁이 가게를 지나다가
추워서 호주머니에 손을 넣고 걸을 때
집에 혼자 있는 아이를 생각해요

과자를 사 갈까 과일을 사 갈까
꽃을 빠는 벌처럼 아이가 맛나게 먹는 모습 떠올리면
어둠이 무겁게 누르는 길에
서 있는 검은 물체 겁나지 않고
틈에서 노려보는 가시 무시할 수 있어요

좁은 골목길 지날 때는
달이 함께 해줄 것 같고
별이 따스한 눈으로 바라볼 것 같아요

겨울나무도 굵은 팔을 내밀어 어깨를 토닥여줄 것 같아요

아버지가 남의 논 갈고 오는 늦은 저녁
멀리서부터 소방울 소리 들리는 날
새참으로 내 온 삼립빵

흙 묻은 주머니에서 꺼내놓으시고
집에서 기다리는 딸이 달게 먹는 모습
제비 아빠가 되어 미소를 지으며 바라보셨지요

귀갓길 아버지의 온기가 느껴지는
빵집을 찾아 들어가
아이 얼굴 같은 튼실한 빵 한 봉지 사드니
따스한 손난로 든 것 같아요

항아리를 인 여인

바닥에는 가시넝쿨이 널려 있다

맨발로 걸어가는
여인의 등에는 눈망울이 반짝이는 아기가
옷자락을 야무지게 잡고 있다

햇볕은 거친 숨소리로 따라다닌다
구름 한 점 없는 앞이 보이지 않는 길
바람은 멈추지 않고 먼지를 일으킨다

바쁘게 걸어가는 여인
부르튼 맨발에 쌓인 먼지가 벌레집이 되어도
항아리를 이어야 하고
아기를 놓치지 않아야 한다

염소젖을 짜고 짜이를 만들어온 그녀
마른 나뭇가지를 모아서 집을 짓고 있다

등 뒤에서 허리를 꼭 붙잡고 있는 아이를 위해서
흙탕물이라도 길어야 한다

오늘도 그녀는 항아리를 이고 사막을 낙타처럼 걸어 간다

여인의 구릿빛 표정이 단단하다

매달린 서랍들

늦가을 도돌이표 같은 열매 몇 개 매달고
허름해진 까치집 품은
집 앞 은행나무

신접살림 차리듯 새봄
하나둘 잎사귀 가구 들여 그늘을 짓더니
햇살로 창문을 열어 아침을 맞이하다가
황사에 목이 쉬기도 했다

이웃집에 사는 박새 마실 받아주고
이파리에 들러붙는 자벌레 떠밀지 않았다
강한 햇살에 울창해진 비결은
칸칸이 서랍마다 햇살 가득 접어 넣어서다

서랍을 열어 열매를 꺼낸다
기대치만큼 거두지 못해도
또 이듬해 봄을 생각한다
겨울 준비에 들어갈 날 다가오니
찬바람에 닫혔던 매달린 서랍들 열고 있다

하나둘 가구들 탈탈 비워내는
생각 많은 은행나무
올해도 까치집은 그대로 둔다

외길

와룡산에서 내려왔을까
천변을 향해 가고 있는 뱀
신호등을 지나고 있다

그의 아버지가 살아왔던 곳에서
몸이 바닥이 되어 길을 내고 있다
처음처럼
마지막처럼
수렁을 지나왔고 돌벽도 지나왔다

기척을 알아챈 듯
몸을 일으켜 꼿꼿이 서서 주위를 살핀다
안전한 그의 길은 어디에도 없다
사방을 경계하며 다녀야 하는

붙잡고 있는 길은 위험하다
길이 아닌 곳을 길이게 하고
길인 곳을 길이 아니게 하는

자신을 지키려면 막막한 앞길 열어가야 한다

홀로 맞서 몸으로 열어가는 길
불안이 묻어있다

그의 모든 길은 바닥에 있어
부드럽게 곡선으로 이어간다

무통 시대

대항 외과 입원실 수술 앞두고
간호사가 내미는 서약서를 읽는다
무통기란 글자에서 머뭇거리는

매끈한 둥근 플라스틱 기기에
나의 아픔을 떠맡길 수 있단다
어머니의 어머니도 느껴온 통증의 언저리를 헤매던
그날이 떠올라 솔깃하여
간호사의 재촉이 위안이 된다

나는 어느새 통증을 무섭게 여기는 종족이 되어
처음과 마지막인 듯 불안한 사인을 한다

아픔을 떠맡아 줄 기기를 받아
매끄러운 표면을 만져본다
돈을 주는 만큼 통증은 더 없을 것이다

나와 주사기 바늘로 이어진 조그만 무통 기기
오늘의 아픔은 사라질 것이다

무통기 속 투명 액체가 나를 읽는다

아플 때마다 틀면 되는 무통기
공손하게 대하는 전략을 먼저 세워야 할 것이다
나를 대신하여 고통으로 굴곡진 깊은 골짜기를 다닐
오늘의 종교가 되어버렸다

다시 아픔이 아련히 지나간다
오늘의 기도를 수정 중이다

구름의 시

하늘을 붙잡고 있는 구름으로
쉬운 양 머리를 만들어 보았어

몸집이 생기고 다리가 생겨
걸어가다가 달려가는데
아닌 것 같기도 해

말처럼 봐야 하나
주춤거리다가 서 있는

붉은 하늘은 오래가지 않아
말은 앞다리를 드네

말은 달리는 자세만으로도 힘이 나
나도 달릴 수 있을 것 같은

하늘은 발을 끌고 머리를 끌고 가네
서쪽으로 끌려가는 말
울음소리가 나는 구름의 말

처음 양 머리가 말 울음이 된 거야
(울음은 쉽게 나는 것이 아니지)

앞으로 보고 옆으로 보고
올려다보고 뒤집어 보고

끌려가는 말은 망아지가 되어가네
망아지를 다시 말로 만들어 볼 수는 있을까
난 또 궁리 중이네

거인

눈에 보이지 않는 거인이 살고 있다
사람들 가까이에서 살고 싶지만
밟힌 개미가 목숨을 내놓아야 하듯
사람들이 밟힐까 봐 멀리서 지켜본다

사람들을 사랑하여
새순으로 꽃으로 소식을 전해주는데
바람과 비, 눈을 보내주기도 한다

사람들이 하는 일에 박수를 보내지만
간혹 화를 낼 때도 있다

예민해질 때는 폭우나 폭설을 보내고
사람들이 화를 돋우면
마침내는 몸집이 더 커져 길이 막히기도 한다

지상으로 꾸준히 소식을 보내주는데
바람의 세기에 따라 비의 양에 따라
화를 짐작할 수 있다

햇빛이 쏟아지는 날
맑은 하늘을 볼 때
한없이 작아지는 우리
그의 사랑을 넘치게 받을 때도 있다

거인을 만져보고 싶어 하는 이들이 있지만
보이지 않는 곳에서 오늘도
사람들을 지켜주고 있다

유령 흉내내기

유령 흉내를 내면서
유령보다 더 가벼이 문턱을 넘는다

막차는 가벼울 수 없는가
정지한 듯 투명한 유리창
숨긴 제 모습을 다 감추다가
어두운 터널에서 들킨다

조금씩 또 조금씩 야위었던 몸 풀고 있다
머리카락처럼 말라비틀어졌던 것들이 풍성해진다

매일매일 너도 눈을 뜰 수 있을까
하루 한 알씩 아무 때나 복용하면
둥근 알약에 졸음을 쫓아내는 비법이 있을까

줄과 줄을 이은 게릴라
사방으로 뻗은 전선 같은 길
희미한 전등 불빛 때문만은 아닐 것이다

건조한 눈은 유리창을 더듬는다

벗기면 벗길수록 짙어지는 맛으로 걸리적거린다

재킷도 걸쳐보고 흰색 검은색도 입어보지만
문턱을 기억하는 무채색의 표정은 유령보다 가볍다

텅 빈 웃음, 말소리도 벽이 되었던 시간은
눈에 보이지 않는다

새의 저녁

새가 어둠 속으로 날아오른다
날아가는 새의 울음이
하늘에 점점이 찍힌다

느린 날갯짓
어둠의 성질이 새 몸에 금방 스며든다
물에 풀리는 먹물 같아서
저음으로 낮아지는 새소리
날갯짓이 불안하다

노을은 산을 삼키고
새는 막연한 하늘을 끌고 간다
새의 부리에 찬바람이 스친다

점이 지역을 지나가는 길
상현달은 이곳과 저곳을 흘러 다닌다

어둠이 먼저 도착한 숲
바람이 먼저 닿은 나뭇가지에
새는 부리를 누인다

■해설

사물언어의 구현과 명징한 현실 환기

박 몽 구
(시인·문학평론가)

시인는 누구보다 모국어를 맛깔스럽게 사용하는 사람이다. 그 요체는 언어의 국어사전에 묶어두지 않고, 그 의미를 다양하게 확장하는 것이다. 시를 공부하는 사람들 사이에서는 낯설게 하기라고 하여, 언어를 관행적인 의미에 묶어두지 않고 전혀 새로운 얼굴로 다가오도록 하는 방법이 중요한 미덕으로 간주된다. 즉 소재는 사전에 없는 최첨단의 문명에서 피생된 언어, 시인만이 아는 신조어를 사특하게 구사하는 것도 시인 나름의 시어 사용법일 것이다. 하지만 그보다는 사전 속에 잠자고 있는 언어에 새로운 의미를 입혀, 읽는 이에게 전혀 낯설게 다가오도록 하는 것이 더욱 효과적인 표현법이라는 것이 정설이다. 그렇게 되려면 삶 속에서 무심하게 지나쳐버릴 수 있는 것들을 놓치지 말고 자신을 둘러싼 사물을 따스한 관심으로 들여다보아야 한다. 사물이 불현듯 건네는 영감, 무표정했던 주위의 물상들이 보이지는 않지만 절실하게 건네는 말들에 귀를 기울여야 한다. 그럴 때 사물은 숨기고 있던 자신의 뒷모습을 비로소 드러내는 것이다.

봄부터 눈에 띄던 상자
무엇이 들어 있는지 생각나지 않아
뚜껑을 열어본다

곧은 선이 있는 은행 세 알
희미하게 입을 다물고 있다

어두운 데 갇혀 있어서 답답했을까
심호흡을 한다

금방이라도 병아리처럼 종종거리며
와락 안길 것 같다

'지니고 있으면 좋은 일이 생길 거야'
엄마가 건네준 그들
내가 기억해주자
반짝반짝 당당해진 모습이다

나는 그들을 상자 속에서 꺼낸다

-「보석」 전문

위의 시 제재 '보석'은 이 세상에 존재하는 사물 가운데서 가장 값진 것이다. 그것은 금전적으로 치더라도, 그 내재적인 가치에서도 세상에서 가장 으뜸가는 자리를 차지할 만한 사물임에 틀림없을 것이다. 하지만 막상 시를 아무리 읽어보아도 그같이 값나가는 사물이 보이지 않는다. 화자는 첫 대목에 '봄부터 눈에 띄던 상자'를 제시함으로써 그 안에 무엇이 들어 있을까 하는 궁금증을 불러일으킨다. 이렇게 의문 부호를 던진 다음 정작 화자가 제시하고 있는 건 '어두운 데에 갇혀' '희미하게 입을 다물고 있'는 은행 세 알이다. 상자 뚜껑을 열자 '모두 심호흡을' 하며, '금방이라도 병아리처럼 종종거리며/ 와락 안길 것 같'은 모습에 절로 웃음이 빚어질 것 같다. 화자는 '갑갑한 상자' 이미지를 통해 오늘 우리가 몸담고 있는 세계가 얼마나 좁고 전망이라곤 전혀 없이 답답한가를 환기한다. 나아가 상자 뚜껑이 열려 자신의 땅으로 돌아가기를 고대하고 있는 은행 세 알을 통하여, 늘 새날이 열리기를 고대하며 살아가는 우리 시대의 사람들을 환유한다.

따라서 이 시에서 보석은 단시 값나가는 돌의 의미에서 벗어나 비록 작을지라도 누구나 간직하고 살아가는 불같은 희망을 상징한다. 시인은 이렇듯 낯설게 하기 전략을 통하여 우리가 몰래 가슴속 깊이 간직하고 살아가는 희망이야말로 그 무엇과도 견줄 수 없이 값나가는 것이라는 사유를 펼치고 있는 셈이다. 화자의 어머니 말을 인유한 '지니고 있으면 좋은 일이 생길 거야' 라는 구절은 오늘의 어려움을 묵묵히 견디며 밝은 내일을 믿으며 묵묵히 걸어가라는 경구에 다름 아니다.

얼마나 더 가면 바다가 보일까
발소리 소란한 생선 비린내 진동하는 시장에도
바다는 보이지 않는다
새들의 날개가 젖지 않는 골목을 벗어나
얼음이 녹고 있는 눈길을 지난다
눈보라는 바람의 언어를 타전하고
목소리는 담길 듯 담기지 않는다
서쪽으로 향한 문은 열려 있고
바다로 가는 길이 절벽에 걸쳐 있어
노을은 찾아오는 길을 잊었다
나뭇잎들도 바닥으로 다 떨어져 있어
산으로 오르는 길도 막혀 있다
백화점 쇼윈도가 벽으로 느껴질 때
처마를 맞댄 집마다 켜진 등이 따뜻해 보이듯
이야기를 풀어놓을 바그다드 카페로 가는 길
어제의 내가 따라붙는다
발자국이 보이지 않는 바다는 노을의 길목에 있을까
흩날린 함박눈은 길 위에 길이 되고
리듬을 타는
버스는 시간처럼 사라진다
나를 스쳐 지나가는 찬바람
어둠이 얼어붙는 겨울

내 안으로 깊이 들어가는 길
하나둘 불빛이 켜지는데
새가 앉을 나무가 보이지 않는다

–「바그다드 카페」 전문

이번 시집의 표제작이기도 한 작품이지만 전편을 꼼꼼히 살펴보아도 '바그다드 카페'의 실체는 또렷이 잡히지 않는다. 현대시의 한 특징인 애매 모호성을 유감없이 발휘하고 있는 작품이다. 결국 우리는 시인이 곳곳에 숨겨 놓은 암시들을 재구성하여 표제가 함축한 공간을 그릴 수밖에 없다. 사전적 규범을 중심으로 의미가 구성되어 있지 않으므로, 퍼즐을 맞추듯 조각조각 의미의 편린들을 맞춰 가는 과정에서 비로소 화자가 구현하고자 하는 의미가 밝혀질 것이기 때문이다.

화자는 첫 대목에 '얼마나 더 가면 바다가 보일까'라는 의문을 던진다. 이 과정에서 유추할 수 있는 것은 화자가 만나고자 하는 것은 바다이며, 그것이 상징하는 바가 무엇인지가 시원하게 밝혀져 있지 않다. 화자는 '발소리 소란한 생선 비린내 진동하는 시장', '얼음이 녹고 있는 눈길', '서쪽으로 향한 문', '백화점 쇼윈도' 등으로 시선을 옮긴다. 인접한 사물들로 부단하게 눈길을 옮기는 것은 그만큼 화자가 만나고 싶은 '바다'가 보이지 않기 때문이다. 경쟁과 질시로 가득 찬 저자의 풍경과 훤히 트인 바다는 뫼비우스의 띠처럼 연달아 어긋나고 있음을 암시한다. 이것은 한 군데 정착하지 못한 채 끝없이 어긋나는 욕망의 법칙과도 부합한다.

안타깝게 늘 어긋나는 삶의 길을 제시한 뒤에야, 비로소 화자는 '처마를 맞댄 집마다 켜진 등이 따뜻해 보이듯/ 이야기를 풀어놓을 바그다드 카페로 가는 길' 을 제시한다. '따뜻하다' , '이야기를 풀어 놓는다' 는 등의 시어를 통하여 화제는 자신이 꿈꾸는 공간을 제시한다. 이를 통해 유추할 수 있는 것은 살가운 마음이 오가면서, 스스럼없는 대화를 나눌 수 있는 공간을 열망하고 있음을 나타낸다. 그러면서 그 끝에 '바그다드 카페' 를 제시한다. 결국 바다와 바그다드 카페는 아무런 논리적 구조를 갖지 않은 채 고리로 연결되는데, 이는 의미가 어긋나면서 끝없이 인접해 있는 언어와 공간으로 이동해 가는 라캉의 환유 법칙에 근거한다. 이를 통해 화자가 갖고 싶은 공간은 바그다드 카페와 같은 곳임을 어렴풋이 짐작하게 된다.

하지만 이 역시 표면적으로는 어떤 의미인지 지극히 어렵게 당돌하게 던져져 있을 뿐이다. 바그다드 카페는 독자들에게 동명의 영화를 연상시키는데, 영화 속의 카페는 바다 아닌 사막 한가운데 던져져 있을 뿐만 아니라, 갖가지 사연을 안고 몰려든 부랑인들이 어울려 사는 공간이기 때문이다. 아니 역설적으로 모범생들이 아닌 결혼 실패자, 떠돌이 예술가, 주인이 없는 카페 등 제멋에 겨워 사는 사람들이 간섭이나 위계를 강요하지 않고 살아가는 공간이야말로 화자가 염원하는 공간임을 암시한다고 볼 수 있다. 화자는 결구에 '어느새 진눈깨비 붙는 어둠이 막막한 겨울/ 내 안으로 깊이 들어가는 길/ 하나둘 불빛이 켜지는데/ 새가 앉을 나무가 보이지 않는다' 라고 배치함으로써 우리가 사는 세상에는 '바그다드 카페' 즉, 마음이 스스럼없이 자리 잡는 공간은 없다고 지적한다. 나아가 물질적 풍요에 대한 집착을 넘어 정신적인 가치가 더욱 중요하다는 인식을 담아낸다.

어두운 하늘은 전체가 동공이다
나를 친친 감아온다
누구인 것 같기도 하다가 아무도 아닌 것 같은

담벼락에 붙어 한쪽 길을 더듬는다
어둠 속에서 환하게 웃는 민들레
꽃잎 시나브로 뚜렷해진다

저만치 보이는 집 조금씩 가까워지고
보름달에 가려졌던 별들
눈을 감고 있는 그믐달 뒤편에서 반짝인다

(중략)

오늘 내 안에 숨은 하늘을 찾고 있다

뒤통수의 눈으로 풍선처럼 부풀어
푸른 하늘로 날아올라 볼까
멀어도 곡선을 그릴 수 있는
나는 지금 어둠을 궁리 중이다

–「감기지 않는 눈」 부분

사거리를 지나고
교차로를 몇 번 지나도 보이지 않았다
정지 신호를 받았을 때
트럭 운전사에게 물었다
직진하라고 말했다
나는 다시 앞을 향해 달렸다

정지 신호가 풀리고 교차로를 지날 때마다
아지랑이 같은 현기증이 밀려왔다
얼마쯤 가서 아주머니에게 물었다
"소래가 어디예요?"
그녀도 계속 직신하라고 했다
나는 또다시 달려갔다

붉은 신호등에 멈추고
지팡이를 짚고 횡단보도를 건너는
할머니에게도 물었다
같은 대답이다
나는 달릴 수밖에 없었다

–「소래 가는 길」 부분

김두레는 상당 부분의 시편이 길을 제재로 삼고 있다. 이는 그저 사람이 걷고 차가 달리는 통행로의 의미를 넘어, 사람살이의 본질은 무엇인지 줄곧 묻고 있다는 것을 넌지시 말해준다. 그 가운데서 두 편의 시를 골라 보았다.

앞에 든 시에서는 담벼락이 처져 있는 동네 골목길을 소재로 하고 있다. 화자는 첫 대목에서 '어두운 하늘은 전체가 동공이다' 라는 명제를 제시함으로써, 마을을 덮고 있는 어두운 하늘을 보며 뭔가 출구를 찾는 마음을 담아낸다. 이어지는 구절에서 '그 눈길이 나를 친친 감아오는 것이다/ 누구인 것 같기도 하다가 아무도 아닌 것 같은' 이라고 언술함으로써, 하늘로부터 나아갈 바를 귀띔받지 못하고 있음을 내비치고 있다. 모름지기 하늘이라면 그것만을 바라고 사는 이들에게 명징한 방향을 가리켜야 할 텐데 그렇지 못하고 있는 오늘의 현실을 알레고리화하였다. 화자는 길이 아닌 담벼락에 의지해 앞으로 나아가고 있다. 그렇게 암중모색하다가 '어둠 속에서 환하게 웃는 민들레' 를 마주치고, 그 '꽃잎(이) 시나브로 뚜렷해' 지는 것을 본다. 이를 통해 누군가 일부러 꽃씨를 뿌리지 않아도 스스로 꽃을 피우는 민들레의 자생력을 연상시킴으로써 사람살이에서도 모름지기 남에게 기대는 습관을 버리고 스스로 일어서야 한다는 사유를 환기시킨다. '보름달에 가려졌던 별들/ 눈을 감고 있는 그믐달 뒤편에서 반짝인다', '오늘 내 안에 숨은 하늘을 찾고 있다' 등의 구절은 그 같은 믿음이 고리를 이루며 굵어져 간 흔적으로 읽힌다. 명사적인 언어는 가급적 줄이면서도 '하늘', '담벼락', '별', '뒤통수' 등의 시어들에게 사전적 의미를 넘어선 풍부한 의미를 입혀 놓은 품이 돋보이는 작품이다.

뒤에 든 작품의 경우에는 찻길이 소재가 되어 있다. 차는 인간의 발 연장선상에 있는 첨단문명의 산물이라는 점에서, 바르고 편리한 점들을 넘어 미답의 영역을 열어주는 등 바른 역할을 해야 마땅하다. 하지만 고달픔을 덜어주고 바른길을 열어줄 것이라는 기대에도 불구하고 현실은 그렇지 못한 것 같다. 화자가 '사거리를 지나고/ 교차로를 몇 곳 지나도 보이지 않았다'고 말하는 것은 그 같은 사유와 같은 맥락이다. '사거리', '교차로' 등 길눈 어두운 사람들에게 마련된 교통 시설은 제대로 된 길을 열어주기는커녕 제대로 된 길을 제시하지 못한다는 비판적 인식을 동반하고 있다. '정지 신호가 풀리고 교차로를 지날 때마다/ 사막 같은 현기증이 밀려왔다'라고 언술하고 있는 것은 오늘의 찻길이 사람에게 바른길을 열어주기보다, 보이지 않는 손에 의하여 조작되면서 더욱 혼란을 불러일으키고 있다는 인식을 환기한다. '계속 직진(만) 하라고 했다'는 것은 여유와 배려가 사라진 오늘의 획일화된 문명의 현실을 가리킨다. 화자는 결구에서 '나는 다시 달릴 수밖에 없었다' 고 말하고 있는데, 이것은 비인간화된 오늘의 현실이 유연성을 빼앗아 사람들을 한 방향으로 몰아가고 있음을 분명하게 지적한 것이다.

다른 한편으로 김두례의 첫 시집에서 주목되는 점 가운데 하나는 시인의 육성은 뒤로 한 채, 자신의 내면을 대변하는 사물을 찾아 부단하게 모색하고 있다는 점이다. 사전적 의미망에 의지하여 통상의 화법을 구사하기보다, 그것만으로는 유추할 수 없는 의미망 구성에 부심한 흔적을 어렵지 않게 만난다. 겉으로는 먼 거리를 갖고 있어 보이지만, 시인의 내면과 긴밀하게 연결 고리를 갖고 있는 사물을 찾아내는 데 절치부심함으로써 시어의 의미를 확장하고 더욱 절실한 시심을 담아내는 전략을 취한다.

다시 일으켜 쉼표를 찍는다
별을 향한 부푼 갈꽃으로 피어날 것이다

새의 노래로 가까이 가본다
물살이 실어 나른 언어의 둥지

어둠을 견뎌 단단한 뿌리가 내려지기를 기대한다
바람의 세기와 방향을 익히고
지그시 눈을 감고 골몰 또 골몰

혀가 짧아 자주 흐트러진다

늘 기대에 못 미치는 언어들
손을 모으고 지난 시간을 떠올린다

강에게 보여줄 것이다
이번에는 빛을 감은 문장으로

흔들거리지만 오롯이 언어를 간직하는
서걱거리는 필체 앞에
갈대는 뒤척거린다
습지를 떠나지 못하는 설렘

문장은 폭설을 안고 바닥으로 내려앉는다
수없이 썼다 지우는
그도 바람 앞에 자주 휘청거린다

–「갈대」 전문

갈대는 맵고 차가운 만추를 견디기에는 너무 머쓱한 키에 깡마른 몸피를 지닌 존재이다. 그렇지만 그 같은 외양에도 불구하고 화려한 외양을 지닌 나무며 꽃들이 진 뒤에도 갈대만은 겨울에 들어서도 얼음에 발을 담근 채 제자리를 지킨다. 화자는 갈대의 그 같은 속성과 자신의 시정신을 연결 짓는다. 화자는 매운 갈바람을 맞아 쓰러졌다가도 거뜬히 일어서는 갈대의 속성을 가리켜 '다시 일으켜 쉼표를 찍는다/ 별을 향한 부푼 갈꽃으로 피어날 것이다' 라고 다짐한다. 쓰러져도 다시 일어나 '별을 향한다' 고 언술함으로써, 작은 신난에도 꺾이지 않는 모습과 함께 세속의 안락을 멀리한 채 하늘을 향하는 정신을 담아낸다. '혀가 짧아 자주 흐트러' 지고 '늘 기대에 못 미치는 언어들' 은 세속인으로의 한계를 직시하고 있음을 드러낸다. 하지만 그 같은 부족함 앞에서 모색을 멈추지 않고 화자는 뒤돌아보지 않은 채 앞으로 나아간다. '흔들거리지만 오롯이 언어를 간직하는/ 서걱거리는 필체' 는 그 같은 심성을 진솔하게 담아낸다. 나아가 휘청거리면서도 다시 일어서서 제자리를 지키는 갈대의 속성을 빌어 시 앞에 앉는 마음을 표백한다. '문장은 폭설을 안고 바닥으로 내려앉는다/ 수없이 썼다 지우는/ 그도 바람 앞에 자주 휘청거린다' 는 그 같은 시인의 내면과 맥을 같이한다. 휘청거리면서도 제자리를 묵묵히 지키는 것이 갈대의 생리요 시인의 숙명이기 때문이다. 사물 언어를 사용하여 화자의 내면을 오롯이 담아내는 품이 절실하게 느껴지는 작품이다.

명자꽃에 앉으면 명자 향기가 되고
두엄에 앉으면 그림 꽃이 되고
절벽에 앉으면 절벽을 받쳐주는 나비
냉이 꽃잎 문장 읽고 금방 바래기 풀잎 책도
가벼이 넘겨 행간 쉼표까지 읽는다

괭이풀 바람에 서표를 꽂고
작은 꽃잔디를 속독으로 읽는다

금방 키 큰 은행나무 쪽에서
어지럽게 읽는 듯 그러나 차분한 나비
그가 날아다닌 자리 더듬으니
풀밭이 꾸물꾸물하다

―「나비의 독서법」 부분

이 작품 역시 나비의 행동반경을 면밀하게 관찰함으로써 화자의 내면을 손금을 새기듯 잘 그려낸다. 나비는 아홉 달이나 되는 기간은 애벌레로 지내다가 가까스로 부화한 다음에는 불과 두세 달 짧은 시간을 나비로 살다가 생을 마친다. 그럼에도 불구하고 어느 곤충보다 가벼운 날개로 한자리에 있지 않고 세상 탐험을 자유롭게 하는 존재이다. 화자는 그런 나비의 행동반경을 '명자꽃에 앉으면 명자 향기가 되고/ 두엄에 앉으면 그림 꽃이 되고/ 절벽에 앉으면 절벽을 받쳐' 준다고 말한다. 이는 그만큼 한자리에 안주하지 않고 늘 대상과 하나 되는 삶을 실천해 간다는 의미와 통한다. 선명한 그림이 그려지는 이 같은 나비의 길은, 단순한 곤충의 행적을 넘어 시인이 지녀야 할 마음가짐을 환유한다. 즉 한자리에 안주하거나 작은 성취에 자족하지 말고, 끝없는 세상 탐험과 함께 그가 만난 세상과 하나 되어 사랑하는 것이야말로 값진 것이라는 인식을 담아낸다. 이어지는 연에서 화자는 나비의 속성을 '괭이풀 바람에 서표를 꽂고/ 작은 꽃잔디를 속독으로 읽는다 … 그가 날아다닌 자리 더듬으니/ 풀밭이 꾸물꾸물하다' 나비는 비록 짧은 생애이기는 하지만 괭이풀, 꽃잔디의 희망을 '속독으로 읽'으며 세상 탐험을 멈추지 않는다. 식물들에게서 꿀을 얻고 그 답례로 수분을 시켜주어 바람을 이기며 꾸물꾸물 일어서는 풀밭을 무성하게 해준다. 모름지기 시 쓰는 사람도 이처럼 세상 탐험을 하면서 만난 사람들에게 알찬 생의 결실을 맺게 해주는 전도사가 되어야 한다고 힘주어 말한다.

주인의 눈길을 견디며 이젤을 들여다보고
도구를 모아주고

뒤돌아서서 흘리는 어머니의 마르지 않는 눈물
아버지의 작은 목소리가 불면처럼 떠오른다

겨울 시장에서의 그녀
화장기도 없이 치장도 없이

누구는 하녀를 읽고 가고
누구는 잠자리 시중녀를 읽고 가고
누구는 최고 귀부인을 읽는다

그녀를 타락으로 이끌고 가는
도시의 향기
바람처럼 누빌 수 없다

(중략)

장신구를 버리고 상처로 뭉친
한쪽으로 향하는 손
견디고 견디어 피어나는 이름

너는 나의 진주
나는 너의 눈빛
그녀 빛나는 맑은 꽃 진주 귀걸이를 달았다
―「진주 귀걸이를 한 소녀」 부분

묘지가 생기고 처음 와 보는 곳
불어오는 봄바람을 타고 더듬어본다

40년이 넘어가는 그 일이 있는 때
나는 마산 어느 여학교 기숙사에 있었고
매일 밤 10시가 되면 등화관제가 시작되었다

고향이 광주인 학생들은 가족과 연락을 하려
어린 새처럼 발을 동동거리며 광주행 차표를 구하려 다녔고
밤이면 복도 구석에 걸린 비상등 흐린 불빛 아래에서
광주의 소식을 들으려 라디오를 끼고 기다렸다
꼬리에 꼬리를 물었던 긴 의문부호
빈 신문의 공간을 이해 못 했다

자정이 지나고 캄캄한 학교 운동장으로 탱크 불빛들이 길게 들어가면
가슴을 두근거리며 커튼을 들치고 지켜보았기에
광주가 폭도들의 천지가 되었다고

밑도 끝도 없이 믿던 사람들 생생하다

민주의 문 지나니 봉분들 나란하다
물놀이하던 어린아이, 퇴근길 이유 없이 추격받았던 회사원,
공부하다 머리 식히려고 나가 난사 당한 학생 … 헌혈하던 여학생
무구한 이팔청춘 네 또래 소녀의 묘비 앞에서
봄날을 잃어버린 나를 본다

5.18 민주 항쟁 한가운데 있는 그들에게 숙연해진다
아직 깨끗한 봄으로 가는 길
꽃샘추위에 막혀 있는 3월
작은 풀씨 하나 해토머리에 뿌린다
-「묘비 속 소녀에게서 나를 보다-5·18 국립묘지」 부분

이번 시집에 시들 가운데 비교적 체험에 바탕하여 쓴 두 작품을 살펴본다. 사실에 기초한 작품이면서도 언어의 절제 정신과 아울러 풍부한 환기력을 만날 수 있어 이채롭다.

앞에 든 작품은 '북유럽의 모나리자'로 불리는, 네덜란드의 화가 요하네스 페르메이르의 《진주 귀걸이를 한 소녀》을 모태로 한 동명의 영화를 바탕으로 쓰인 작품이다. 천재 화가 페르메이르의 집에서 하녀로 일하는 소녀가 있었는데, 화가는 예술을 볼 줄 아는 그녀의 재능을 발견한다. 마침내 하녀는 예술가의 뮤즈가 되

지만 17세기 네덜란드의 신분제 사회에서 둘의 사랑은 비극으로 끝나고 만다는 내용이다.

시인은 이 영화를 인유로 하여 오늘의 여성 현실을 환기시키고 나아가 여성이 나아갈 길을 이끌어낸다. 가난한 아버지의 눈물을 뒤로하고 유명 화가의 집 하녀로 들어온 소녀는 '주인의 눈길을 견디며 이젤을 들여다보고/ 도구를 모아주'는 허드렛일에 투입된다. 하지만 신분의 차이는 그녀를 하녀 역할에서 벗어나 '누구는 하녀를 읽고 가고/ 누구는 잠자리 시중녀를 읽고 가고/ 누구는 최고 귀부인을 읽'게 만든다. 인간으로서의 자존을 잃고 도구로 전락하기를 강요하는 사회상을 환기시킨다. 화자는 '그녀를 타락으로 이끌고 가는 / 도시의 향기/ 바람처럼 누빌 수 없'을 뿐인 현실을 직시한다. 하지만 영화 속의 소녀는 잠깐 천재 화가와의 사랑을 꿈꾸기도 하지만, 신분제의 높은 벽을 실감하면서 '장신구를 버리고 상처로 뭉친/ 한쪽으로 향하는 손'을 만지며, '견디고 견디어' 한 여성으로서 우뚝 선다. 화자는 단순히 '진주 귀걸이를 한 소녀'의 치명적인 매력을 넘어, 성이 도구화되는 현실을 환기한다. 나아가 영화를 넘어 최근 직장 내 성희롱 문제가 불거지고, 자각된 여성들이 미투를 커밍아웃하듯 자각된 여성성이야말로 인간다움을 회복하는 길이라는 사유를 견인해낸다.

뒤에 든 작품에서는 5·18민주묘역을 방문하여 둘러

보던 중 희생자 묘역에서 시인과 같은 또래 여성의 묘비를 발견한 경험이 시의 바탕이 된다. 화자는 묘비 속 평범한 여성이 야욕을 품은 군인들의 총칼에 희생되던 날 자신이 있던 자리를 떠올린다. 즉 '40년이 넘어가는 그 일이 있는 때/ 나는 마산 어느 여학교 기숙사에 있었고/ 매일 밤 10시가 되면 등화관제가 시작되었다'고 말한다. 그렇게 불편하고 무서운 밤인 줄만 알았던 시간 같은 또래의 여성이 맞은 비극을 생각하며, 새삼 함께 살아가는 사람들에 대한 관심과 사랑의 부족을 자책한다. 하지만 그것은 개인의 잘못을 넘어 오염된 권력과 꺾인 붓이 강요한 현실이라는 점을 환기한다. 즉 화자는 '자정이 지나고 캄캄한 학교 운동장으로 탱크 불빛들이 길게 들어가면/ 가슴을 두근거리며 커튼을 들치고 지켜보았기에/ 광주가 폭도들의 천지가 되었다고/ 밑도 끝도 없이 믿던 사람들 생생하다'고 밝힌다. 나아가 '무구한 이팔청춘 내 또래 소녀의 묘비 앞에서/ 봄날을 잃어버린 나를 본다'는 인식으로 확산된다. 바른 역사를 만들어가는 것은 진실에의 의지와 이웃 사랑이라는 점을 환기한다. 그 같은 미덕을 실천할 때 비로소 '깨끗한 봄으로 가는 길/ 꽃샘추위에 막혀 있는 3월/ 작은 풀씨 하나 해토머리에 뿌'릴 수 있다고 시인은 말한다.

산속 깊이 파묻힌 불씨

남쪽에 퍼져있다가
불쑥 얼굴 내미네

동백나무 기지개 켤 때
해의 발을 만져보고
달의 귀엣말을 들어보고
얼음 도가니에 뜨거운 새싹을 준비하네

봄은 이때다 싶을 때
붉은 꽃을 준비하여
만지면 불이 붙을 듯 뜨겁네

좀처럼 떠나지 않는 기단의 전설
불씨가 바람에 날리네
흩어지는 화기, 심지를 올려
동백꽃들이 불씨를 퍼뜨리네
일어나라고

―「불씨」 부분

한겨울 맵찬 바람을 딛고 빨갛게 피는 동백을 소재로 한 시이다. 화자는 활짝 핀 동백과 불씨를 은유의 다리로 연결시킴으로써, 힘들고 추운 겨울을 들고 일어서는 것은 봄의 길목을 여는 일이라고 말한다. '동백나무(가) 기지개'를 켜 '얼음 도가니에 뜨거운 새싹을 준비'한다는 것은 단지 한 식물의 생태를 넘어, 작게는 어려움에 처한 인간사, 크게는 오욕의 역사를 뿌리치고 바른 역사를 열어가는 철리를 환기한다. 나아가 화자는 '불씨가 바람에 날' 리듯 '흩어지는 화기, 심지를 올려/ 동백꽃들이 불씨를 펴뜨' 리듯 일어나야 한다고 말한다. 그 불씨를 일으키는 일을 남에게 떠맡기지 말고, 우리 자신이 불씨가 되어 세상을 깨어나게 하는 것, 그것은 시인의 숙명일 것이다.

김두례 시인은 이 시에서 보듯 직접적인 언술을 넘어 사물의 생리를 집요하게 추적하는 방법으로 자신의 내면을 담아낸다. 나아가 그는 언어를 사전이라는 감옥에서 벗어나게 해 마음껏 새로운 의미를 입히는 데 주력한다. 그의 시들에는 기법적으로 낯설게 하기가 곧잘 구현된다. 하지만 김두례 시인은 낯설게 하기를 극한으로 끌고 가는 데만 골몰하지는 않는다. 그는 시 속에 조성된 알레고리의 공간을 통하여 우리가 딛고 선 현실을 환기하는 일에도 소홀히 하지 않는다. 그런 점에서 이번 시집은 기법적으로 세련도를 높이면서도 아울러 오늘 조성된 비인간화의 현실을 적절하게 담아낸다. 아니 비인간화를 넘어 함께 어울려 살갑게 사는 길은 무엇인지 진지하게 모색한다. 기법과 주제를 함께 아우르는 시인으로서의 균형 잡힌 품성을 더욱 완숙시켜, 시적 완성도를 높이고 공감대 또한 크게 확장되는 진경이 펼쳐지기를 바라면서 작은 논의를 마친다.

바그다드 카페

찍은날 2021년 11월 15일
펴낸날 2021년 11월 20일
지은이 김두례
펴낸이 박몽구
펴낸곳 도서출판 시와문화
주 소 (13955) 경기 안양시 동안구 경수대로883번길 33,
103동 204호(비산동, 꿈에그린아파트)
전 화 (031)452-4992
E-mail poetpak@naver.com
등록번호 제2007-000005호(2007년 2월 13일)

ISBN 978-89-94833-73-6(03810)

정 가 12,000원